Quando eu sinto raiva

James Misse

Ilustrador:
Leonardo Malavazzi

PARA MINHA FILHA MARIA LUIZA, QUE ME ENSINOU A DIFERENÇA ENTRE ESTAR BRAVA E SER BRAVA.

PÉ da letra

1ª edição – Cotia, 2018

BOARD
BOARD
BOARD

OUTRO DIA, SAÍ PARA COMPRAR ALGUMAS COISAS COM MINHA MÃE. ESTAVA INDO TUDO MUITO BEM, ATÉ QUE ESSE SENTIMENTO, QUE ME DEIXA FURIOSO, APARECEU. FOI BEM NO CORREDOR DOS BRINQUEDOS!

ELE APARECEU NOVAMENTE NO PARQUINHO QUANDO FALARAM QUE ERA HORA DE IR EMBORA.

VOLTOU A APARECER
QUANDO ALGUÉM PEGOU
MEU BRINQUEDO...

RAIVA
RAIVA
RAIVA
RAIVA

APARECE SEMPRE QUANDO QUERO PROTESTAR...

OU QUANDO SINTO DOR.

RAIVA
RAIVA
RAIVA
RAIVA
RAIVA

TAMBÉM QUANDO ESTOU COM FOME,
CANSADO OU PRECISANDO DE

CA-RI-NHO!!!

RAIVA

RAIVA

RAIVA

RAIVA

GENTE GRANDE TAMBÉM
TEM RAIVA.

FICAR COM RAIVA NÃO É RUIM.

SÓ NÃO PODEMOS
MACHUCAR AS PESSOAS...

ALGUMAS PESSOAS DIZEM QUE SOU ZANGADO,
OUTRAS DIZEM QUE SOU MUITO BRAVO.

NÃO SOU BRAVO E NEM ZANGADO!
POSSO ESTAR BRAVO OU ZANGADO, MAS, NA VERDADE...

SOU ALGUÉM MUITO ESPECIAL
QUE ESTÁ APRENDENDO A LIDAR COM SEUS SENTIMENTOS!

Editora Pé da Letra

www.editorapedaletra.com.br
(11) 3733-0404

Direção de projeto
James Misse

Ilustração
Leonardo Malavazzi

Projeto gráfico e diagramação
/aeagraphicstudio

Revisão de texto
Marcelo Montoza

CIP-BRASIL. CATALOGAÇÃO NA PUBLICAÇÃO
SINDICATO NACIONAL DOS EDITORES DE LIVROS, RJ

M662q
Misse, James
Quando eu sinto raiva / James Misse ; ilustração Leonardo Malavazzi. - 1. ed. - Cotia, SP : Pé de Letra, 2018.
: il.
ISBN 978-85-9520-082-1
1. Poesia infantojuvenil brasileira. I. Malavazzi, Leonardo. II. Título.

18-47137 CDD: 028.5
CDU: 087.5

James Misse

James Misse escreve para crianças desde 2000, quando publicou o livro-CD *Bolinhas de Sabão*. Depois vieram outros títulos, como *O Terceiro Ouvido*, *Dia de Sol*, *Música dos Bichos*, *Medo no Escuro*, *O Melhor Presente* e *Mamãe*. É comum vê-lo e ouvi-lo cantando e contando suas histórias em escolas, universidades e eventos ligados à difusão do livro no Brasil e no exterior. O autor é casado, tem três filhos e também dirige uma comunidade na Cidade Universitária em São Paulo.

Leonardo Malavazzi

Léo Malavazzi já ilustrou muitos livros por aí. Entre eles estão: *Não afunde no lixo*, *E você, tem medo?* e a *Série 365* da Editora Pé da Letra. Fã das aventuras de Edinelsinho, não via a hora de dar vida a mais histórias de James Misse.